AF348168

ARREST
DE LA COVR
DES MONNOYES.

Portant décry de tous les Deniers
Estrangers.

Du vingt-troisiéme May 1651.

A PARIS,

Chez Sebastien Cramoisy, Impri-
meur ordinaire du Roy, de la Reyne Re-
gente, & de la Cour des Monnoyes.

M. DC. LI.
Auec Priuilege de sa Maiesté.

EXTRAICT

DES REGISTRES

de la Cour des Monnoyes.

SVR ce qui a esté representé à la Cour, Que l'on continuë la fabrication des Deniers dans plusieurs Monnoyes estrangeres voisines du Royaume, d'où il s'y en distribuë si grande quantité que le Commerce en est grandement incommodé & les Suiets du Roy

en font beaucoup fur-
chargez : Que mefmes les
Fermiers d'aucunes def-
dites Monnoyes, contre-
font ceux qui ont efté faits
en la Monnoye de Paris,
où il ne s'en fabrique plus
il y a dix-fept mois, faifant
empreindre fur iceux des
fleurs de lys, la lettre A,
& la legende de Denier
Tournois ; afin de fur-
prendre le peuple, & les
faire paffer comme s'ils
eftoient fabriquez fous les
coins & armes de fa Ma-
iefté : De tous lefquels def-
ordres la Cour ayant re-

ceu diuerſes plaintes, elle
auroit rendu Arreſt dés le
ſixiéme Aouſt dernier , par lequel tous leſdits Deniers auroient eſté dé-
criez: duquel neantmoins
la publication auroit eſté
differée pour de certaines
bonnes conſiderations ;
& qu'à preſent il eſt ne-
ceſſaire de pouruoir à ce
que tels abus ne ſe conti-
nuent pas dauantage :
Oüy ſur ce le Procureur
general du Roy , Veu
d'office ledit Arreſt dudit
iour ſixiéme Aouſt ; La
matiere miſe en delibera-

tion : tout confideré. La
Cour a ordonné & or-
donne que conformé-
ment audit Arreft du fi-
xiéme Aouft dernier, tous
lefdits Deniers eftrangers
tant de Cugnon, Oran-
ge, Dombes que tous au-
tres eftrangers, feront &
demeureront décriez de
tout cours & mife dans le
Royaume, pays, terres &
feigneuries de l'obeïffance
de fa Maiefté, conformé-
ment aux Arrefts & regle-
mens, tant du Confeil que
de ladite Cour. Faifant de-
fenfes à tous Suiets de fa-

dite Maiesté de quelque qualité & condition qu'ils soïent, d'en aller prendre esdites Principautez, en apporter, faire venir, receuoir & expofer, y porter des cuiures, ny prefter aucun ayde ou faueur aux fabricateurs defdites Efpeces, ny de s'intereffer ou affocier dans les Fermes des Monnoyes defdites Principautez, y trauailler ny faire trauailler directement ou indirectement fur les peines de l'Ordonnance : Enioint ladite Cour à tous

Suiets du Roy, d'arrefter
ceux qui enuoyeront ou
apporteront defdits De-
niers, lefquels demeure-
ront confifquez au profit
de fadite Maiefté, auec
les cheuaux, charettes &
marchandifes, dans lef-
quelles ils auroient efté
emballez, le tiers defdi-
tes confifcations & amen-
des adiugé au denon-
ciateur: Enioint auffi ladite Cour à tous Gouuer-
neurs, Maiftres des Ports,
Ponts & paffages, & tous
autres premiers fur ce requis par ledit Procureur
gene-

general ou ſes Subſtituts,
de preſter main forte à l'e-
xecution du preſent Ar-
reſt , que ladite Cour a
renuoyé & renuoye au
premier des Preſidens ou
Conſeillers d'icelle trou-
uez ſur les lieux ; & en
leur abſence , pardeuant
les Generaux Prouin-
ciaux, Iuges, Gardes des
Monnoyes & Preuoſt ge-
neral d'icelle ; & en leur
defaut aux autres Iuges
royaux premiers requis
chacun en leur reſſort,
qui informeront inceſ-
famment à la diligence

des Subſtituts dudit Pro-
cureur general, contre les
fabricateurs & expoſi-
teurs deſdites Eſpeces,
leurs facteurs, negocia-
teurs & adherans : en-
ſemble des contrauen-
tions qui ſeront faites au
preſent Arreſt, pour eſtre
le procez fait & parfait
aux coupables, iuſques à
ſentence diffinitiue ex-
cluſiuement, pour le tout
enuoyé clos & ſeellé au
Greffe de ladite Cour,
eſtre iugé ce qu'il appar-
tiendra. Et à ce qu'aucun
n'en pretende cauſe d'i-

gnorance, fera le prefent Arreft leu, publié & affi-ché en cette ville & faux-bourgs és lieux accouftu-mez, & par tout ailleurs où befoin fera, & à cét effet copies collationnées par le Greffier de ladite Cour, feront à la diligen-ce du Procureur general enuoyées à fes Subftituts, pour tenir la main à l'exe-cution du prefent Arreft, & en certifier la Cour au mois. FAIT en la Cour des Monnoyes le vingt-troifiéme May 1651.

Signé, DELAISTRE.

L'an mil six cens cinquante-vn, le Samedy 3. de Iuin, l'Arrest de la Cour des Monnoyes cy-dessus, a esté leu & publié à son de Trompe & cry public, aux Carrefours & autres lieux, tant ordinaires qu'extraordinaires de cette Ville & Faux-bourgs de Paris, en la presence de nous Iean Gerin premier Huissier en ladite Cour des Monnoyes, Iacques Blondel, & Michel Rebours, Huissiers en icelle soussignez, par Charles Canto Iuré Crieur ordinaire du Roy en ladite Vil-

le , Preuosté & Vicomté de Paris , accompagné de Iean du Bos, Iacques le Frain, Iurez Trompettes , & de deux autres Trompettes , à ce qu'aucun n'en pretende cause d'ignorance.
Signé, GERIN, BLON-
DEL & REBOVRS.

Collationné à l'original par moy Con-
seiller & Secretaire du Roy . Maison
& Couronne de France & de ses Fi-
nances, Greffier en chef en la Cour
des Monnoyes, sous-signé.

www.ingramcontent.com/pod-product-compliance
Lightning Source LLC
LaVergne TN
LVHW010841180726
843502LV00009B/3687